Bibliografische Information der Deutschen Nationalbibliothek
Die Deutsche Nationalbibliothek verzeichnet diese Publikation in der Deutschen Nationalbibliografie; detaillierte bibliografische Daten sind im Internet über http://dnb.ddb.de abrufbar.

Das Wort **Meyers** ist für den Verlag
Bibliographisches Institut AG als Marke geschützt.

Alle Rechte vorbehalten.
Nachdruck, auch auszugsweise, nicht gestattet.
© 2009 Bibliographisches Institut AG, Mannheim

Lizenz durch © ZDF / ZDF Enterprises GmbH 2009
Licensed by Crescendo Media GmbH
Bavariafilmplatz 7, 82031 Geiselgasteig
Alle Rechte vorbehalten.
Mit freundlicher Unterstützung der ZDF-Redaktion Löwenzahn
(Susanne Kaupp)

Redaktionelle Leitung Caroline Lerch
Redaktion Andrea Essers
Fachberatung Melanie Löw
Text Sandra Noa

Herstellung Cornelia Huber, Verona Meiling
Layout Petra Bachmann, Weinheim
Illustration Kirsten Grebe
Umschlaggestaltung Hans Helfersdorfer, Heidelberg
Umschlagfotos
Alexander Habermehl: Fritz Fuchs
Antje Dittmann: Keks
Bibliographisches Institut, Mannheim/WZ Media: Ultraschalluntersuchung
© Anette Linnea Rasmussen – Fotolia.com: Eis
MEV Verlag, Augsburg: Fahrradausflug
picture alliance/dpa, Frankfurt am Main: Befruchtung, Melone, Ultraschallbild
Satz Petra Bachmann, Weinheim
Druck und Bindung Stürtz GmbH, Würzburg
Printed in Germany

ISBN 978-3-411-08393-0

Die in diesem Buch dargestellten Forschertipps wurden sorgfältig ausgesucht und geprüft. Autor und Verlag können jedoch nicht ausschließen, dass die Umsetzung einzelner Forschertipps nicht in der dargestellten Weise gelingt. Die Haftung für das Gelingen der Forschertipps und mögliche Schäden bei ihrem Fehlschlagen wird, soweit gesetzlich zulässig, ausgeschlossen.

Wundermaschine Mensch!

Eine Reise durch den Körper

Mit Texten von Sandra Noa
und Illustrationen von Kirsten Grebe

Meyers Kinder- und Jugendbücher

Inhalt

„Warum haben wir eigentlich so viel Gefühl in den Fingerspitzen."

Mit allen Sinnen   12/13

Mit Haut und Haaren   14/15
Augen auf und hingehört!   16/17
Riecht gut, schmeckt gut!   18/19

„Lecker: So eine kleine Praline versüßt den Tag."

Was uns antreibt   20/21

Alles gut verdaut?   22/23
Das Wichtigste aus dem Essen   24/25

„Seit meinem allerersten Geburtstag hat sich eine Menge getan."

Alle werden älter   26/27

Ins Leben durchstarten   28/29
Von Mama und Papa geerbt   30/31
Jede Oma war mal Kind   32/33

Bis auf die Knochen   34/35

Knochen – unser Gerüst   36/37
Muskeln – unsere Kraftprotze   38/39

„Ohne Knochen und Muskeln wäre so ein Waldlauf gar nicht möglich."

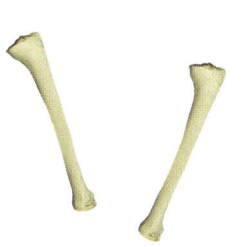

„Wow, ganz ohne Pflaster hat die Wunde aufgehört zu bluten."

Mit Herz und Hirn   40/41

Mit dem Blut vom Herz zur Lunge   42/43
Im Kontrollzentrum: Gehirn und Nerven   44/45

Besser als jede Maschine   46

Forscherkarten   47

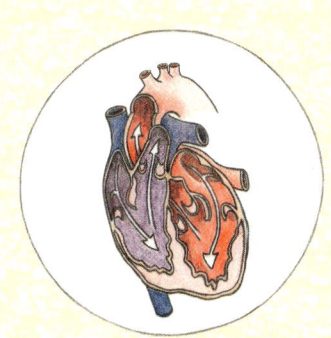

Ein Waldausflug mit prickelnden Folgen

„Super, so eine Forschertour durch den Wald! Und das zusammen mit einer echten Expertin. Aber jetzt heißt es ab nach Hause, Keks. Suse wartet schon auf uns. **Ich hab doch heute Geburtstag!**"

„Oh Mann, Suse, guck mal! Irgendwas hat mich vorhin im Wald gepiesackt. **Wie das juckt! Und diese roten Punkte!** Meinst du, du kannst was dagegen machen?"

„Du hast ein Mittel gegen Juckreiz? Dankeschön, Suse! Vielleicht gehen die Flecken damit endlich weg. **Nur wieso macht die Haut das überhaupt: jucken und Punkte kriegen?**"

Willkommen in Bärstadt!

Hier ist ständig was los. Und wir sind immer dabei!

Das bin ich: Fritz Fuchs

Ich wohne in einem blauen Bauwagen mitten im Grünen. Viele meiner Abenteuer liegen direkt vor meiner Haustür, aber nicht nur da: auch draußen in der Natur, in der Stadt oder im Museum. Meine rote Zimmermannshose zählt zu meiner Lieblingskleidung, denn sie ist praktisch und hält viel aus. Mit ihr kann ich auf Berge klettern, Tieren nachspüren oder in der Werkstatt tüfteln.

Mein Hund Keks ist mein bester Kumpel.

Er heißt so, weil ein Keks die erste Mahlzeit war, die er sich gemopst hat. Ich habe ihm eine kleine Bauwagen-Hundehütte gebaut, direkt vor meiner Tür. Oft sind wir gemeinsam unterwegs. Mit seiner feinen Spürnase hat Keks schon so manches Rätsel gelöst.

Das ist meine ältere Schwester **Suse**. Sie ist Geschäftsfrau. Auch wenn wir verschieden sind, halten wir als Geschwister immer zusammen.

Yasemin ist immer gut gelaunt und hält oft einen Tipp für mich bereit. Ihr gehört der bekannteste Kiosk in Bärstadt.

Mein Nachbar **Herr Paschulke** mag es am liebsten bequem, und weil wir so unterschiedlich sind, ist manchmal Ärger vorprogrammiert.

„Na klar, das Jucken muss von den Brennnesseln gekommen sein! Jetzt hat es aber endlich aufgehört. Die Haut meldet sich eben sofort und schlägt Alarm, wenn was nicht in Ordnung ist. Aber nicht nur das – über sie spüre ich auch, wie sich die Welt anfühlt!"

Mit allen Sinnen

Doch nicht nur mit der Haut nehmen wir die Umwelt wahr. Augen, Ohren, Nase und Mund unterstützen sie bei dieser wichtigen Aufgabe. Diese fünf Sinnesorgane sind unser Tor zur Welt. Mit ihnen treten wir in Kontakt zu anderen Menschen, Tieren und Dingen. Und was besonders wichtig ist: Unsere Sinne warnen uns vor Gefahren – du kannst das alarmierende Autohupen hören, gefährliche Abgase riechen, Schmerzen rechtzeitig spüren, Gefahren sehen und verdorbenes Essen schmecken. Sinne sind also lebenswichtig!

Spüren und Tasten

Das größte und schwerste Organ des Menschen ist die Haut. Es gibt sie in verschiedenen Farben, mit und ohne Leberflecke. Sie umhüllt deinen ganzen Körper, hält ihn zusammen und lässt dich eine Umarmung genauso wie Kälte und Wärme spüren.

Wenn ich einem Rätsel auf der Spur bin ...

… begebe ich mich direkt **vor Ort.**

… nehme ich die Dinge genau unter **die Lupe.**

… **experimentiere** ich selbst.

… frage ich einen **Spezialisten.**

… sammle ich **Informationen.**

… **lese** ich was nach.

 **Mit allen Sinnen**

Sehen und Hören: nicht selbstverständlich?

Kannst du dir vorstellen, nicht zu wissen, wie deine Freunde aussehen? Oder wie ihre Stimmen klingen? Manche Menschen können nicht sehen oder hören – um sich trotzdem zurechtzufinden, haben sie einen besonders empfindlichen Tast- und Geruchssinn. Auf diese beiden verlassen sie sich in allen Situationen.

Gehörlose Menschen benutzen die Gebärdensprache, um sich zu verständigen.

Riechen und Schmecken

Ungefähr 8000 Gerüche kannst du mit deiner Nase unterscheiden: von wunderbar duftend bis übel stinkend. Denk nur mal daran, wie verschieden alle Blumen riechen, oder schnupper an einem Stück alten Käse. Auch beim Schmecken hilft die Nase – das schafft die Zunge nicht allein.

Mit Haut und Haaren

Eine Rundum-Schutzschicht

Die Haut ist ein vielseitiges Wunderwerk: Bei einem Erwachsenen ist sie in etwa so groß wie eine Bettdecke und bis zu 10 Kilogramm schwer! Sie ist wasserdicht und dehnbarer als ein Kaugummi. Dazu hält sie Krankheitserreger fern und schützt dein Inneres vor der Sonne. Kleine Verletzungen repariert sie ganz von allein und beim Schwitzen kühlt sie deinen Körper ab.

Ein sensibles Messgerät

Deine Haut steckt voller Fühler – für Temperaturen, Berührungen, Druck und Schmerz. Das ist nicht nur schön, wenn du etwa einen weichen Pulli anziehst. Es ist auch wichtig, denn sonst würdest du vieles gar nicht oder erst zu spät merken: Dass du dir mit einem Messer in den Finger geschnitten hast zum Beispiel oder dass das Badewasser zu heiß ist. Die Fingerspitzen sind besonders gute „Tastgeräte", denn hier liegen viele Fühler dicht aneinander.

Nasengruß der Maori, der Ureinwohner Neuseelands

Rot ist nicht gleich rot

Wenn du zu lange ohne Schutz in der Sonne warst, wird deine Haut rot. Dann haben die UV-Strahlen des Sonnenlichts sie verbrannt. Manchmal kriegst du aber auch in peinlichen Situationen einen roten Kopf. Das passiert, weil sich deine Blutbahnen dann erweitern. Unter den Wangen liegen sie besonders dicht an der Oberfläche – so schimmert das Blut durch und lässt die Haut leuchten.

Aus alt mach neu

Die Haut besteht – wie unser ganzer Körper – aus winzigen Teilchen, den Zellen. Abgestorbene Hautzellen werden für die Produktion von Haaren und Nägeln wiederverwendet. Zu festen Plättchen geworden legen sich die Zellen übereinander. Unter dem Mikroskop sieht die Oberfläche eines Haars wie ein Dach mit lauter Ziegeln aus. Weil Haare und Nägel aus totem Material bestehen, tut es nicht weh, wenn sie geschnitten werden.

vergrößertes Haar

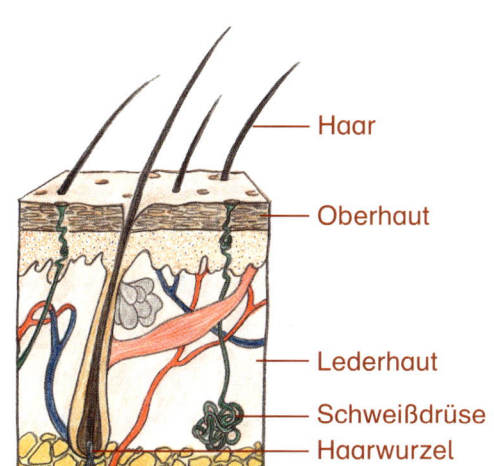

Aus Hautstaub
wird Hausstaub

Weil deine Haare wachsen, kannst du immer mal wieder eine neue Frisur ausprobieren. Und auch deine Nägel musst du regelmäßig schneiden, da sie sich ständig erneuern und deshalb länger werden. Das macht die Haut auch, nur merkst du davon nichts. Ununterbrochen sterben Hautteilchen ab und schaffen Platz für neue. Mit ein bis zwei Gramm pro Tag und Person machen sie einen Teil des Staubes bei dir zu Hause aus.

Mach mit!

Teste deinen Tastsinn

Mit deinen Freunden kannst du herausfinden, wer das feinste Fingerspitzengefühl hat. Abwechselnd legt ihr Gegenstände in einen dunklen Sack oder unter eine Decke. Nur durch Ertasten sollen deine Mitspieler nun herausfinden, was sie in den Händen halten. Wer erkennt die meisten Dinge?

Augen auf und hingehört!

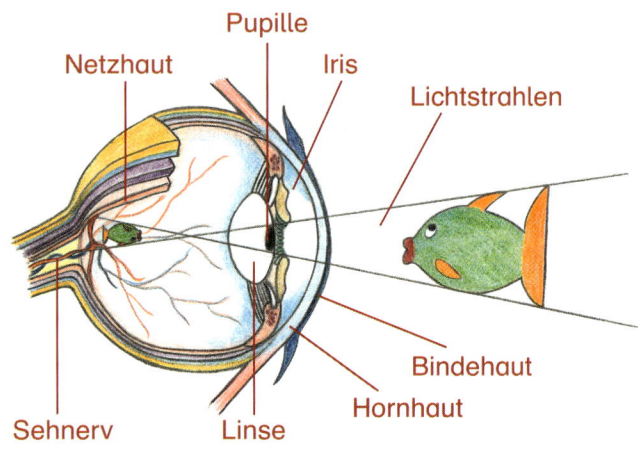

Guter Schutz – gute Sicht!

Deine Augen haben ihren eigenen Schutztrupp: Die Wimpern fangen Staub und kleine Krümel auf, die Augenbrauen halten Schweiß und Regenwasser ab und die durchsichtige Hornhaut beugt leichten Verletzungen vor. Augen sind eben etwas ganz Besonderes – vorne fällt Licht hinein und im Auge landet es auf der Netzhaut, wo ein auf dem Kopf stehendes Bild entsteht. Über den Sehnerv gelangt das Bild zum Gehirn, welches es dann wieder „richtig" herumdreht.

Warum alles doppelt?

Hätten wir nur ein Auge, könnten wir zum Beispiel keine Entfernungen schätzen. Zwei Augen liefern zwei verschiedene Bilder. Klar, sie befinden sich ja auch an unterschiedlichen Stellen im Gesicht. Das Gehirn setzt beide Bilder zusammen. Deshalb können wir räumlich sehen und du erkennst, was vorne und was weiter hinten steht. Mit nur einem Auge würde alles so aussehen, als befände es sich nebeneinander – wie bei einem Foto. Das ist übrigens auch bei den Ohren so – nur weil wir zwei haben, können wir feststellen, aus welcher Richtung ein Geräusch kommt.

Nachts sind alle Katzen grau

Je dunkler es wird, umso weniger Farben kannst du unterscheiden. Dafür gibt es einen einfachen Grund: Die Netzhaut in deinem Auge besteht aus verschiedenen „Empfängern". Einige sind für die Wahrnehmung von Farben zuständig – dafür brauchen sie allerdings viel Licht. Andere reagieren besonders empfindlich auf Licht, können aber nicht so viel mit Farben anfangen – sie übernehmen die Seharbeit, wenn es dunkel wird: in Schwarz-Weiß.

Mit allen Sinnen 16 / 17

Tag und Nacht gibts was auf die Ohren

Von deinen Ohren siehst du nicht viel: nur die Ohrmuscheln. Wie ein Trichter fangen sie Geräusche aus deiner Umgebung auf, denn die schwirren als unsichtbare Wellen überall durch die Luft. Im Ohr versetzen sie zuerst das Trommelfell in Schwingung, weiter gehts über klitzekleine Knochen bis zur Hörschnecke. Sie gibt die Wellen ans Gehirn weiter und das erkennt dann beispielsweise: „Keks bellt."

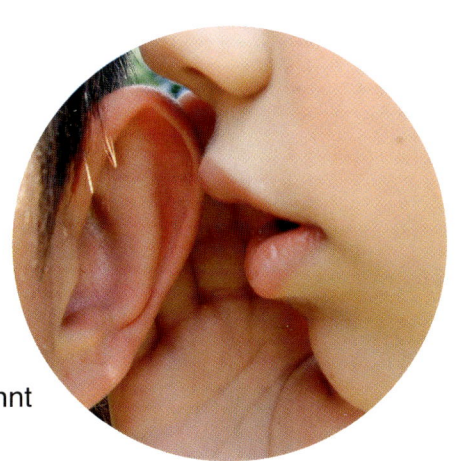

Immer im Gleichgewicht

Mit den Ohren kannst du nicht nur hören – du brauchst sie auch, um nicht vom Fahrrad zu fallen. In ihnen sitzt nämlich das sogenannte Gleichgewichtsorgan. Es sorgt dafür, dass du immer weißt, wo oben und unten, rechts und links, vorne und hinten ist. Funktioniert es nicht oder ist es überfordert, weil du etwa gerade Achterbahn fährst, kann dir schlecht werden.

Ganz schön knifflig
Wer kann am besten hören?

(a) Mensch
(b) Schildkröte
(c) Hund

Lösung: c
Hunde hören etwa viermal so gut wie wir Menschen. Wir wiederum hören besser als Schildkröten.

Riecht gut, schmeckt gut!

Riechst du was?

Du kannst es nicht verhindern: Wenn du einatmest, riechst du automatisch etwas. Und das ist auch gut so – Gerüche warnen dich nämlich vor Gefahren, die du noch nicht sehen kannst. Gerüche bestehen aus vielen winzig kleinen Teilen, die sich in der feuchten Schleimhaut der Nase lösen. An das Riechfeld in deiner Nase geben sie die Botschaft ab, wer sie sind: Rauch zum Beispiel. Die Info geht sofort an das Gehirn weiter und schon bist du gewarnt: Hier brennts!

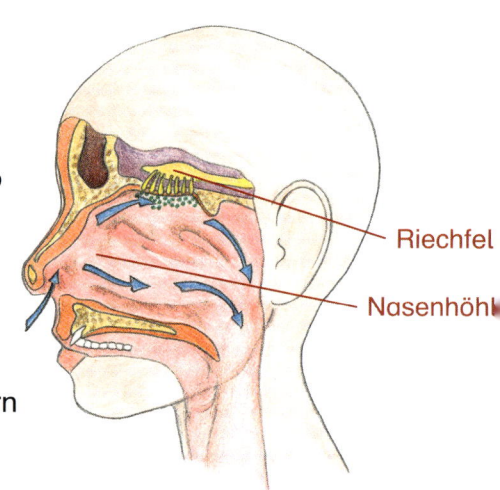
Riechfel
Nasenhöhl

Geschmäcker sind 5-fach verschieden

Wenn du dir deine Zunge genau anschaust, kannst du kleine Hubbel und Dellen entdecken. In ihnen sitzen mehrere Tausend Geschmacksknospen. Sie nehmen allerdings nur fünf Geschmacksrichtungen wahr: süß, sauer, salzig, bitter und umami. Die letzte wurde erst vor ein paar Jahren von einem Japaner entdeckt, daher auch der ungewöhnliche Name. Er bedeutet so viel wie „herzhaft". Auf Bitteres reagiert deine Zunge besonders stark – das soll dich vor giftiger Nahrung bewahren, die eben meist bitter schmeckt.

Ohne Nase kein Geschmack

Nur weil Nase und Mund über den Rachen miteinander verbunden sind, kannst du beim Essen einen Apfel von einer Birne unterscheiden. Über die Luft im Rachen gelangen nämlich auch die feinsten Gerüche einer Speise zum Riechfeld in der Nase. Und damit erkennst du die kleinen Geschmacksunterschiede. Beim Schnupfen ist es meist mit Schleim bedeckt, sodass die Gerüche nicht durchdringen – dann schmeckt auch das Essen fad.

Was magst du?

Manche Vorlieben beim Essen werden schon vor der Geburt ausgeprägt – je nachdem, was die Mutter besonders oft und mit Genuss gegessen hat. Ein ungeborenes Baby lernt verschiedene Geschmacksrichtungen kennen, indem es das Fruchtwasser schluckt, in dem es heranwächst. Und nach der Geburt geht es weiter – was die Familie und Freunde essen, das probiert man selbst auch mal aus. In fremden Ländern werden andere Gewürze und Zutaten als bei uns verwendet. Weil wir ihren Geschmack nicht kennen, müssen wir uns im Urlaub oft erst dran gewöhnen.

> Mmmh, Schmecken erinnert mich an was ... ich muss ja noch zur Bäckerei. Ich hab doch eine Geburtstagstorte bestellt!

Geschmack lässt sich trainieren!

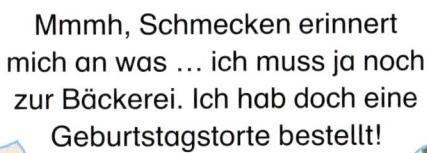

Bei etwas sehr Salzigem oder Bitterem merkt man natürlich sofort, wonach es schmeckt. Doch die feinen Unterschiede fallen uns oft gar nicht auf. So schmeckt eine eingelegte Gewürzgurke nicht nur sauer, sondern zugleich auch salzig und ein bisschen süß. Um deinen Geschmackssinn zu schulen, musst du dir nur ein bisschen Zeit beim Essen nehmen. Probiere einfach mal ein Stück Apfel und achte darauf, was in deinem Mund passiert: Kannst du beschreiben, was du schmeckst?

> Lecker! Eine extra Nascherei für mich, weil ich Geburtstag habe. Tja, aber wo wandert die eigentlich hin, nachdem sie in meinem Mund verschwunden ist?

Was uns antreibt

Autos brauchen Treibstoff, damit sie vom Fleck kommen. Genauso muss der Mensch immer wieder nachtanken, und zwar Nahrung und Flüssigkeit. Sind diese einmal durch den Mund in unseren Körper gelangt, geht es auf eine lange Reise. Wie lange genau, hängt davon ab, was man zu sich genommen hat. Unterwegs entzieht der Körper der Nahrung alles, was er verwenden kann. Das Aufnehmen und Abgeben von Nahrung nennt man Stoffwechsel. Ohne ihn ist Leben überhaupt nicht möglich.

Vom Teller zur Toilette

Im Durchschnitt dauert es einen Tag, bis eine Mahlzeit den Körper wieder verlässt – bei einem Steak etwas länger, bei Obst geht es schneller. Was am Ende dabei rauskommt, sieht allerdings ganz anders aus als das, was auf dem Teller war. Für diese Verwandlung ist die Verdauung verantwortlich.

Treibstoff tanken

Ob beim Spielen, Atmen, Denken und sogar im Schlaf: Du brauchst ständig Energie. Die schnappt sich der Körper aus all den Dingen, die du isst und trinkst. Ohne Kohlenhydrate, Vitamine, Fette, Mineralstoffe und Eiweiße läuft eben gar nichts.

Bleib flüssig!

Genug zu trinken ist zum Leben genauso notwendig wie zu atmen. 1 bis 1 ½ Liter am Tag sollten es bei Kindern schon sein. Du oder genauer gesagt dein Blut benötigt nämlich ständig Wassernachschub, um flüssig zu bleiben. Denn nur so kann es alle Nährstoffe bis in die letzte Ecke deines Körpers bringen.

Richtig essen? Geht doch!

Noch wurde kein Lebensmittel entdeckt, das alle wichtigen Nährstoffe in der richtigen Menge liefert. Deshalb solltest du möglichst abwechslungsreich essen. Ausschließlich Obst knabbern ist genauso ungesund wie nur Schokolade naschen. Und wer viel Gemüse isst, kann ab und an auch mal eine Portion Pommes verputzen.

Alles gut verdaut?

Vom Mund …

Alles, was du isst, wandert durch den Mund in deinen Körper hinein. Schon in der Mundhöhle ist Teamarbeit angesagt: Die Zähne zerkauen dein Essen, die Spucke fängt mit der Verdauung an und lässt den Brei beim Schlucken besser flutschen. Die Zunge schiebt ihn schließlich in Richtung Speiseröhre. In der sind kräftige Muskeln zugange, die den Brei zum Magen transportieren – und das sogar, wenn du auf dem Kopf stehst.

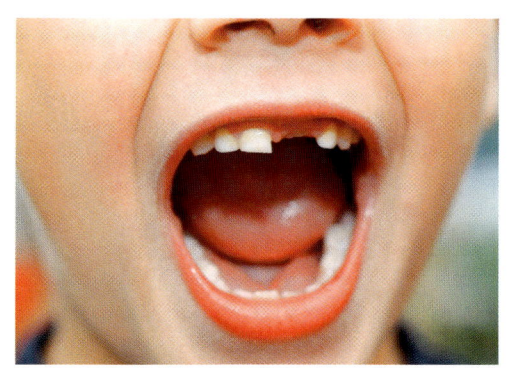

… in den Bauch und bis zum Po

Der Magen gibt dem Nahrungsbrei Saures: Indem er ihm Magensäure hinzufügt, macht er ihn noch feiner und zersetzt ihn. Von dort aus geht es weiter in den Dünndarm, einen langen Schlauch, in dem deinem Essen alle Nährstoffe entzogen werden. Durch die Darmwand gelangen sie ins Blut und werden im ganzen Körper verteilt. Alles, was bis hierher nicht aus dem Brei herausgefiltert wurde, erreicht den Dickdarm. Er entzieht dem Essensrest das Wasser, sodass er fester wird. Und irgendwann kommt dann alles, was der Körper nicht gebrauchen kann, aus dem After wieder raus.

Wohl oder übel

Manchmal merkt der Magen, dass mit dem Essen etwas nicht in Ordnung ist. Dann zieht er sich zusammen – wie ein Luftballon, aus dem ganz schnell die Luft entweicht. So legt er den Rückwärtsgang ein und presst seinen Inhalt auf dem gleichen Weg, wie er reingekommen ist, wieder raus: Man erbricht. Auf diese Weise schützt der Magen den Körper schnell vor möglichen Krankheitserregern.

Rülpsen und Pupsen

Mit dem Essen nimmst du immer auch etwas Luft zu dir. Wird das dem Magen zu viel, entlässt er sie nach oben: Du musst rülpsen. Ein Pups dagegen entsteht erst im Dickdarm. Dort leben unzählige kleine Bakterien, die bei der Verdauung helfen. Bei ihrer Arbeit bilden sich allerdings Gase, die irgendwann raus müssen. Und je nachdem, was du gegessen hast, können die auch mal stinken.

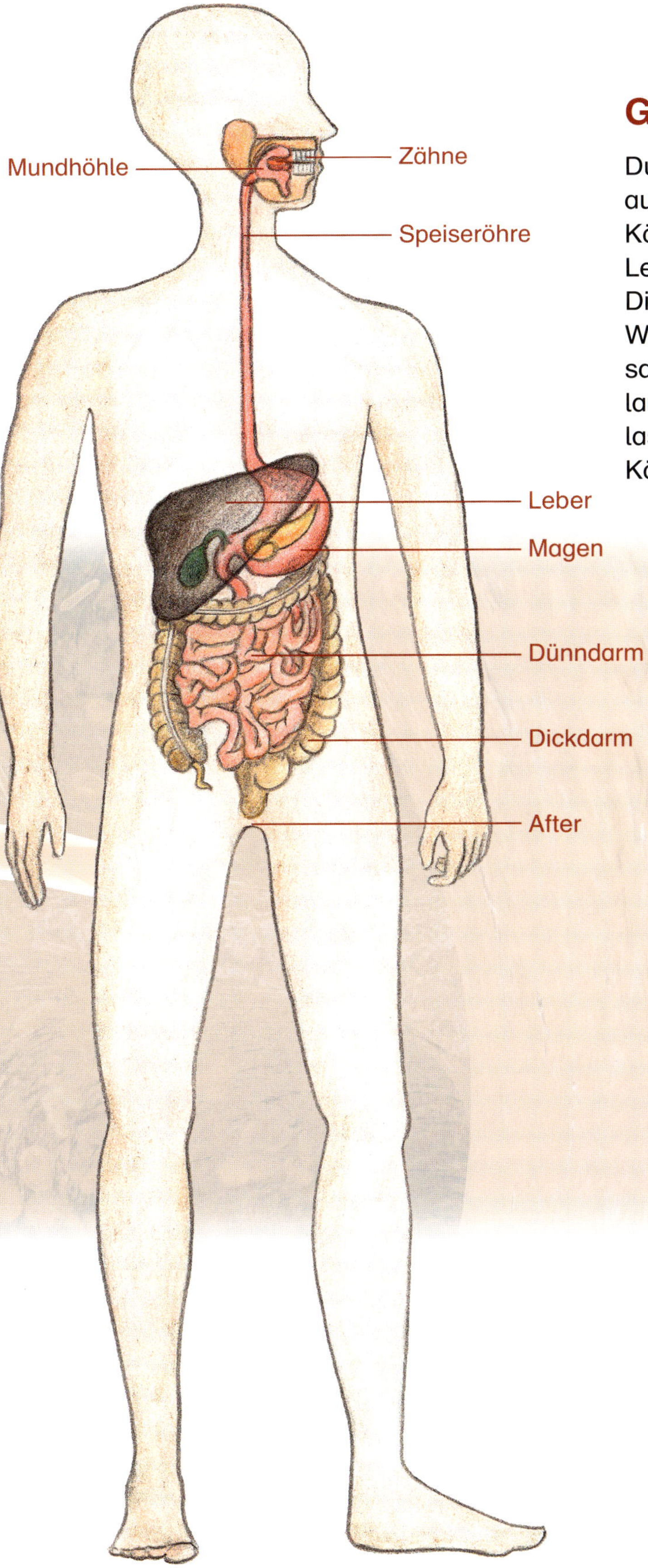

Was uns antreibt 22 / 23

- Mundhöhle
- Zähne
- Speiseröhre
- Leber
- Magen
- Dünndarm
- Dickdarm
- After

Giftschutzorgane

Durch die Darmwand dringen auch Giftstoffe aus der Nahrung ins Blut. Damit diese dem Körper nicht gefährlich werden, reinigen Leber und Nieren das Blut ununterbrochen. Die Abfallstoffe aus der Niere werden mit Wasser gemischt. Der entstandene Urin sammelt sich in der Blase. Dort bleibt er so lange, bis du mal musst. Auf der Toilette verlassen mit dem Urin viele Giftstoffe deinen Körper. Saubere Sache, oder!?

Ganz schön knifflig

Verdauung dauert

Wie lange braucht dein Magen, um eine Portion Pommes zu verdauen?

ⓐ 1 – 2 Stunden
ⓑ 3 – 5 Stunden
ⓒ 5 – 7 Stunden

Lösung: c
Bis Pommes ganz verdaut sind, kann es bis zu drei Tage dauern. Bei Obst geht das übrigens viel schneller. Da wäre Antwort a richtig.

Das Wichtigste aus dem Essen

Energielieferant Nr. 1

Brot, Kartoffeln, Nudeln und Reis enthalten Kohlenhydrate. Zu denen gehört auch Zucker: in süßem Obst versteckt, als Traubenzucker oder in Würfelform. Ohne Kohlenhydrate läuft bei uns gar nichts: Sie sind unser wichtigster Treibstoff. Dein Körper verwandelt sie in Energie, die du für deine Muskeln und das Wachstum brauchst. Dafür sind auch Eiweiße wichtig – sie stecken in Milch, Fleisch, Linsen und natürlich in Eiern.

Fett = ungesund?

Kaum zu glauben, aber Fett ist besser als sein Ruf. Du brauchst es, damit dein Körper viele der gesunden Vitamine aufnehmen kann. Außerdem liefert es auch Energie und dient als Schutzpolster für deine inneren Organe. Einziger Haken: Wer zu viel davon zu sich nimmt, wird dick. Und das ist schnell passiert, denn ein Gramm Fett enthält doppelt so viel Energie wie ein Gramm Kohlenhydrate. Da der Körper nichts verschwendet, lagert er das Fett ein: als Notreserve für schlechte Zeiten.

Lebenswichtig!

„Vita" ist lateinisch und bedeutet „Leben" – so entstand auch der Name „Vitamine". Ohne sie wärst du ständig krank, würdest nicht weiterwachsen, hättest kaputte Zähne und könntest dich nicht richtig konzentrieren. Und das sind nur ein paar von unzähligen Aufgaben, für die Vitamine notwendig sind. Du nimmst sie über Obst, Gemüse, Nüsse, Milch und sogar über Fleisch zu dir.

Unauffällige Helfer

Manche Nährstoffe, wie die Mineralstoffe, brauchst du nur in kleineren Mengen. Sie sind nötig, damit dein Körper Zucker aufnehmen kann und du keine Muskelkrämpfe bekommst. Von den Spurenelementen brauchst du sogar noch weniger – eben nur klitzekleine Spuren, daher auch ihr Name. Das Blut ist beispielsweise auf Eisen angewiesen. Wenn ihm das fehlt, fühlst du dich schlapp und müde.

Schwer wiegendes Problem

Nimmst du über einen langen Zeitraum mit dem Essen mehr Energie zu dir, als du durch Denken und Bewegung verbrauchst, dann kann daraus ein Problem werden. Ein schwerwiegendes: Übergewicht. Und das schadet. Es belastet die Knochen, und die Gelenke und das Herz müssen sich mehr anstrengen, denn der Körper schleppt ja mehr Gewicht mit sich rum. Da hilft nur eins: Bewegung. Sie baut Fettpölsterchen ab, reduziert das Hungergefühl und lässt dich gut schlafen.

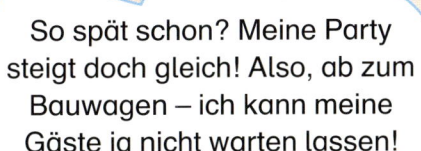

So spät schon? Meine Party steigt doch gleich! Also, ab zum Bauwagen – ich kann meine Gäste ja nicht warten lassen!

" Jetzt aber schnell die Kerzen auspusten und die Party kann steigen! Wenn ich recht überlege, hat sich mit jedem Geburtstag mein Leben auch ein bisschen verändert. Bin mal gespannt, was dieses Jahr so bringt. "

Alle werden älter

Kleine Kinder wachsen und werden zu großen Schulkindern. Die schießen weiter in die Höhe und bekommen das Aussehen eines Erwachsenen. Doch nicht nur der Körper entwickelt sich weiter. Andauernd lernen Menschen etwas dazu. Schon Babys überraschen ihre Eltern jeden Tag mit neuen Fähigkeiten. Und diese Entwicklung hört nie auf. Jeder Tag lässt deinen Schatz an Erfahrungen reicher werden. Und an dem kannst du im Alter deine Enkelkinder teilhaben lassen, indem du sie zum Beispiel vor Handlungen warnst, mit denen du schlechte Erfahrungen gemacht hast.

Alle werden älter 26 / 27

Neues Leben entsteht

Hast du schon mal beobachtet, wie aus einem kleinen Samenkorn nach und nach eine richtig große Pflanze geworden ist? Genau wie diese fangen auch wir klitzeklein an: Das Ei einer Frau verschmilzt mit dem Spermium eines Mannes. Obwohl dieses befruchtete Ei (Bild) nicht mal einen Millimeter groß ist, enthält es trotzdem alles, was für die Entstehung eines neuen Menschen nötig ist.

Gemeinsamkeiten sind kein Zufall!

Ob zwei Menschen Geschwister sind, das kannst du oft an ihrem Aussehen erkennen. Das liegt daran, dass ihre Eltern ihnen bestimmte Merkmale weitergegeben haben. Doch nicht alles setzt sich gleichermaßen durch. Hat der Vater zum Beispiel dunkle Haare und die Mutter blonde, ist es sehr wahrscheinlich, dass die Haare der Kinder auch dunkel sind: „dunkle Haare" setzen sich eben gegen „helle Haare" durch.

Wachsen und erwachsen werden

Der menschliche Körper produziert ununterbrochen Botenstoffe, sogenannte Hormone. Gemeinsam mit den Nerven steuern sie alles, was in deinem Körper passiert. Das Wachstumshormon sorgt zum Beispiel dafür, dass du immer größer wirst und irgendwann erwachsen bist.

Ins Leben durchstarten

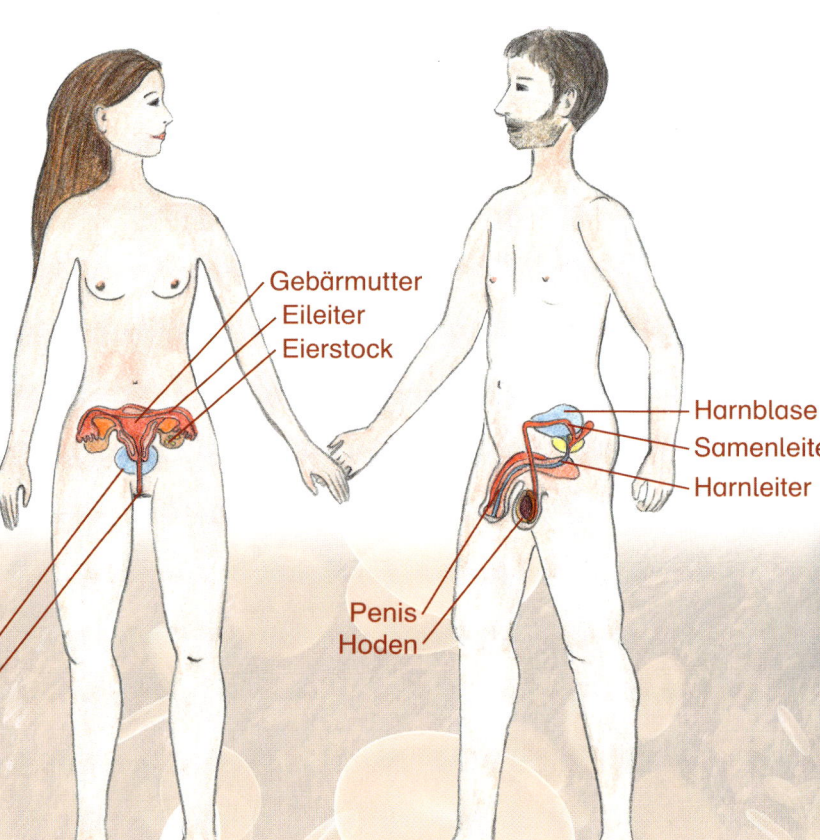

Mann oder Frau?

Männer und Frauen sind leicht auseinanderzuhalten: Frauen haben Brüste, Männer nicht. Männer haben einen Penis und einen Hodensack, Frauen dagegen an dieser Stelle eine Scheide mit Schamlippen. Auch im Inneren des Körpers sehen sie unterschiedlich aus. Im Bauch der Frau sitzen rechts und links Eierstöcke und Eileiter, die beide zur Gebärmutter in der Mitte führen. Beim Mann verbinden Samenleiter den Hoden mit der Harnröhre. All diese Körperteile dienen der Fortpflanzung.

Liebe, Sex und Zärtlichkeit

Bevor ein Mann und eine Frau ein Baby haben können, schlafen sie miteinander. Sie küssen und streicheln sich zuerst. Dabei werden sein Penis hart und ihre Scheide feucht. Das ist das Startzeichen: Der Mann führt seinen Penis in die Scheide und beide bewegen sich so, wie es ihnen am meisten Spaß bereitet. Besonders schön ist der Orgasmus – deshalb wird er oft auch Höhepunkt genannt. Dann strömen viele Millionen Samenzellen aus dem Penis in die Scheide und begeben sich auf die Suche nach einem reifen Ei.

Der Beginn eines neuen Lebens

Alle vier Wochen entspringt aus einem der beiden Eierstöcke der Frau ein klitzekleines, reifes Ei. Es wandert durch den Eileiter in Richtung Gebärmutter. Dringt unterwegs ein Spermium aus dem Samen des Mannes ein, ist das Ei befruchtet. Dann lässt es sich in der weichen Schleimhaut der Gebärmutter nieder, wo es während der Schwangerschaft immer weiter wächst.

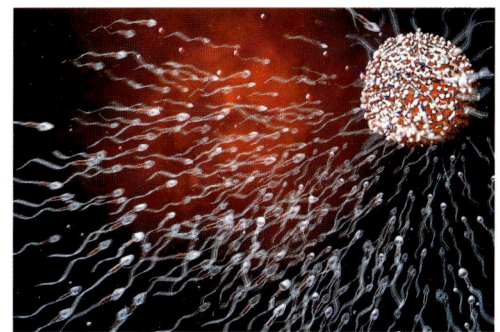

Von den vielen Spermien dringt nur eines in die Eizelle ein.

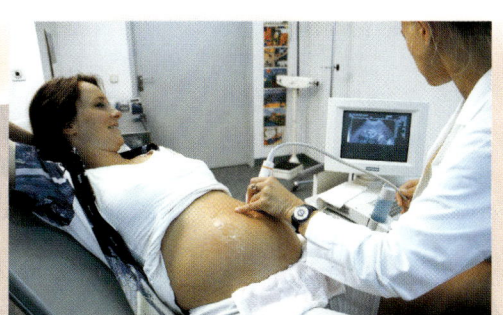

Es wächst und wächst

Erst ist das befruchtete Ei nur eine einzige Zelle. Doch diese beginnt sich zu teilen, sodass es immer mehr werden. Etwa sieben Wochen nach der Befruchtung beginnt bereits das winzige Herz des neuen Menschen zu schlagen. Nach vier Monaten hat das Ungeborene schon Augen, Nase und Ohren. Es bewegt sich viel – noch hat es dafür genug Platz. Das sieht nach neun Monaten ganz anders aus. Nun ist das Kleine vollkommen entwickelt. Während der ganzen Schwangerschaft versorgt die Mutter es über die Nabelschnur mit lebenswichtigen Nährstoffen. Und damit ihm im Mutterleib nichts passiert, wird es durch das Fruchtwasser geschützt.

Der Weg nach draußen

Etwa 40 Wochen bleibt das Kleine im Bauch der Mutter. Ist es Zeit für die Geburt, zieht sich die Gebärmutter zusammen; die Frau hat Wehen. So drückt sie das Baby nach unten zur Scheide. Durch die verlässt das Kind den Körper der Mutter.

Von Mama und Papa geerbt

Doppelt hält besser

Über 25000 Gene hat jeder Mensch. Sie umfassen alle Erbinformationen – ganz ähnlich wie ein Buch Informationen bereithält. Deine Gene kannst du dir wie lange Fäden vorstellen. Sie bestehen aus Desoxyribonukleinsäure oder abgekürzt DNS. Aufgewickelt und zusammengefügt ergeben die Gene 46 sogenannte Chromosomen. Weil immer zwei gleich aussehen, spricht man auch von 23 Chromosomenpaaren. Bei der Befruchtung schließen sich die Chromosomen zweier Menschen zusammen: 23 aus dem Ei der Frau und 23 aus dem Spermium des Mannes.

XY oder XX?

Zwei der Chromosomen werden „Geschlechtschromosome" genannt. Dieses spezielle Paar legt fest, ob aus einem befruchteten Ei ein Mädchen oder ein Junge wird. Enthält dieses Ei zwei x-Chromosome, entsteht ein Mädchen. Enthält es aber ein x- und ein y-Chromosom, dann wird es ein Junge. Das Spermium des Mannes entscheidet übrigens, welches Geschlecht das Kind später haben wird – je nachdem ob es ein x-Chromosom oder ein y-Chromosom weitergibt.

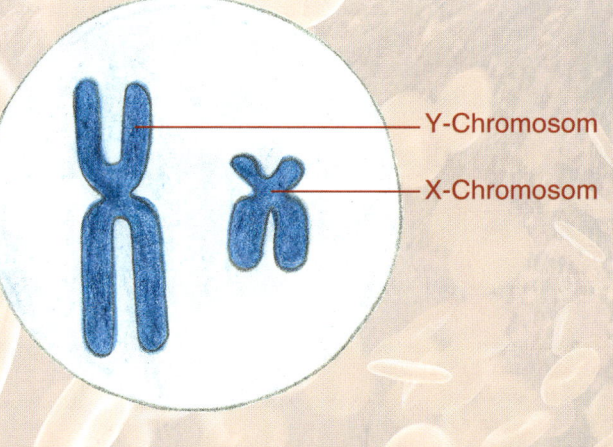

Alles nur geerbt?

„Du siehst aus wie dein Papa!" Sicher kennst du diesen Spruch. Er kommt daher, dass jeder Mensch zur Hälfte aus den Zellen von zwei anderen Menschen entsteht. Beide Eltern geben einen Teil ihrer Merkmale weiter – doch bei jedem ihrer Kinder ist die Zusammensetzung anders. Sind etwa Nase, Augen und Gesichtsform wie die des Vaters oder der Mutter, wird das offensichtlich. In welchem Maß auch Eigenschaften und Talente vererbt werden können, muss noch weiter erforscht werden.

Hindernisse überwinden

Manchmal werden im Mutterleib Gene durcheinandergeworfen, sodass sie sich anders als geplant zusammenfügen. Die Kinder kommen mit einer Behinderung auf die Welt. Sie können zum Beispiel nichts sehen oder haben Probleme beim Lernen. Viele gehen deshalb auf spezielle Schulen. Hier lernen sie, sich besser im Alltag zurechtzufinden, um selbstständiger zu werden und vielleicht einen Beruf zu erlernen. Eine Behinderung kann aber auch später im Leben durch einen Unfall entstehen.

Hier spielen zwei Schauspieler mit Behinderung in einem Theaterstück.

Kein Zwilling gleicht dem anderen – oder doch?

Auf den ersten Blick könnte man meinen, dass eineiige Zwillinge nicht auseinandergehalten werden können. Irrtum! Sie haben zwar die gleichen Gene und sehen sich manchmal zum Verwechseln ähnlich, trotzdem hat jeder ganz eigene Fingerabdrücke. Und an denen kann jeder Mensch eindeutig von anderen unterschieden werden – selbst Zwillinge.

Ganz schön knifflig

Drei auf einen Streich

Manchmal wachsen im Eierstock mehrere Eier heran oder ein befruchtetes Ei lässt mehrere Babys entstehen. Dann spricht man von Mehrlingen. Zwillinge sind nicht so ungewöhnlich. Aber was meinst du, wie häufig Drillinge sind?

a) etwa jede 70. Schwangerschaft
b) etwa jede 700. Schwangerschaft
c) etwa jede 7000. Schwangerschaft

Lösung: c

Jede Oma war mal Kind

Aller Anfang ist schwer

In den ersten Monaten muss sich ein Baby erst mal an sein Leben in der neuen Umgebung gewöhnen. Es wirkt zwar so, als ob das Neugeborene nur schläft, trinkt und in die Windel macht. Aber in Wirklichkeit nimmt es seine Umgebung schon genau wahr, es trainiert durch Strampeln seine Muskeln und erkennt Menschen an ihren Gerüchen und Stimmen. Das Baby entwickelt sich immer mehr zum Kleinkind und hat viel zu lernen: Dinge wie Sprechen, Sitzen, Krabbeln und Laufen, Greifen und überhaupt die ganze Welt zu verstehen.

Vom Kind zum Erwachsenen

Schulkinder sind mit großen Schritten in Richtung Erwachsensein unterwegs: Mit ungefähr sechs Jahren verlieren sie ihre Milchzähne und bekommen die ersten bleibenden. Und sie lernen weiter: in der Schule, von den Eltern und beim Spielen mit Freunden. Bestimmt hat sich auch seit deinem letzten Geburtstag eine Menge verändert, oder? Ehe du dich versiehst, bist du mitten in der Pubertät. Dann verwandelt sich dein Körper nach und nach in den eines Erwachsenen. Jungs und Mädchen bekommen Scham- und Achselhaare. Brust und Penis fangen an zu wachsen. Und mit den Eltern will man auch nicht mehr alles besprechen. Nun werden Freunde besonders wichtig und die meisten Jugendlichen erleben ihre erste große Liebe.

Älter werden

Spätestens im Alter von 20 Jahren ist der Körper eines Menschen ausgewachsen. Unsere kleinsten Bausteine, die Zellen, sorgen ab dann nicht mehr für Wachstum, sondern für die Instandhaltung des Körpers. Mit steigendem Alter leisten die Zellen immer weniger. Weil sie nicht mehr alles erneuern können, kriegen ältere Menschen Falten und graue Haare. Vieles fällt ihnen schwerer als jungen Menschen.

Am Ende

Irgendwann ist es für jeden von uns so weit: Der Kreislauf des Lebens schließt sich, ob durch einen Unfall oder einfach, weil das Alter erreicht ist: Man stirbt. Für die Hinterbliebenen ist das oft traurig, weil sie einen lieben Menschen verloren haben und vermissen.

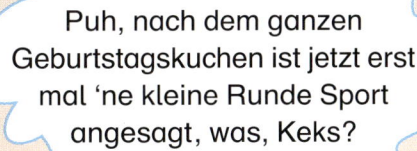

Puh, nach dem ganzen Geburtstagskuchen ist jetzt erst mal 'ne kleine Runde Sport angesagt, was, Keks?

„ Joggen macht richtig gute Laune! Und ist es nicht erstaunlich, dass wir so schnell einen Schritt vor den anderen setzen können, ohne dass sich die Beine dabei verheddern? "

Bis auf die Knochen

Nicht nur beim Laufen, auch bei jeder anderen Bewegung deines Körpers ist Teamarbeit angesagt. So arbeitet das Gehirn eng mit den Muskeln zusammen. Und weil einige von denen untrennbar mit den Knochen verbunden sind, kannst du tanzen, dich an der Nase kratzen und mit den Zehen wackeln. Noch dazu würden wir ohne Knochen und Muskeln wie ein nasser Sack aussehen – ganz schlapp und wabblig. Gemeinsam bilden sie also eine innere Stütze, die uns aufrecht hält. Prima, dass wir sie haben und das Beste: Geht mal was kaputt, heilt es in der Regel wieder!

Ein außergewöhnlicher Muskel

Dein Herz ist ein ganz besonderer Muskel, und ein extrem ausdauernder noch dazu. Der Herzmuskel zieht sich bei Erwachsenen im Schnitt 70- bis 80-mal in jeder Minute zusammen und erschlafft dann wieder. Ohne Pause, Tag und Nacht, bis ans Lebensende. Das macht über 40 Millionen Herzschläge in nur einem Jahr – eben eine echte Hochleistungspumpe!

Knochentrocken – von wegen!

Knochen sehen zwar wie tote Stöcke aus, aber sie bestehen aus lebendigem Material und haben eine feuchte Oberfläche. Weil das Knochenmaterial bei Kindern noch recht biegsam ist, brechen sie sich seltener einen Knochen als ältere Menschen.

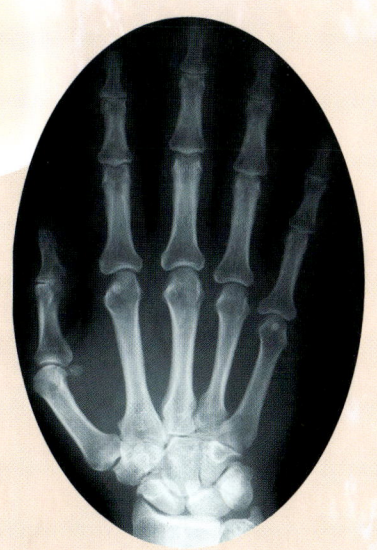

Glatt oder gestreift?

Hättest du keine Muskeln, würden deine Knochen wie bei einem Skelett einfach nur aneinanderhängen. Doch zwischen den Muskeln gibt es riesige Unterschiede.

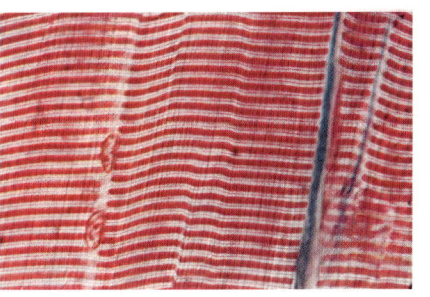

Die in deinem Magen sehen unter dem Mikroskop zum Beispiel ganz glatt aus. Sie arbeiten eher langsam, dafür aber stetig. Andere wie die in deinen Beinen haben dagegen Streifen (Bild). Sie können viel auf einmal leisten, werden aber auch schneller müde.

Knochen – unser Gerüst

Der harte Kern

Babys kommen mit ungefähr 350 Knochen auf die Welt. Erwachsene haben nur noch etwa 200. Wie kann das sein? Ganz einfach: Wenn ein Kind wächst, verbinden sich viele Knochen miteinander. Diese harten Stützen halten uns nicht nur aufrecht und schützen unsere inneren Organe, sie stellen in ihrem Innersten, im sogenannten Knochenmark, auch etwas Lebensnotwendiges her: rote Blutkörperchen. Diese transportieren den eingeatmeten Sauerstoff durch den Körper und versorgen unsere Muskeln und Organe damit.

Von Knochen zu Knochen

Zwischen den Knochen sorgen Gelenke dafür, dass du beweglich bleibst – ohne sie wärst du steif wie ein Stock! Damit sie schön gleiten und bei Bewegungen nichts scheuert, sind sie mit einer Art Schmiere überzogen. Bänder halten das Gelenk zusammen. So kann bei einer ungünstigen Bewegung kein Knochen verrutschen. Artisten haben übrigens besonders dehnbare Bänder, die ihnen ihre starken Verrenkungen ermöglichen.

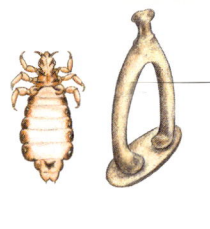

Der Riese und der Zwerg

Der größte Knochen des Menschen ist der Oberschenkelknochen. Bei einem Mann kann er bis zu 50 Zentimeter lang werden – das ist größer als ein Waldkauz (Bild rechts). Dahinter kann sich der sogenannte Steigbügel locker verstecken, der so klein ist wie eine Kopflaus (Bild links). Dieser winzige Knochen befindet sich im Ohr und misst nur schlappe drei Millimeter.

Gebrochen – geheilt

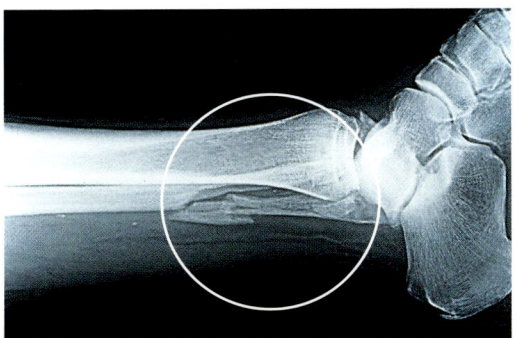

Wird ein Knochen zu stark belastet, kann er brechen. Werden die beiden Enden des Bruchs wieder richtig zusammengefügt, repariert er sich innerhalb von ein paar Wochen selbst. Denn der Knochen stellt kurzerhand neue Zellen her und baut eine Art Brücke über die entstandene Lücke. Schon nach einer Woche ist aus diesem sogenannten Keimgewebe ein weiches Stückchen Knochen geworden, das langsam härter wird.

Warum wirst du tagsüber kleiner?

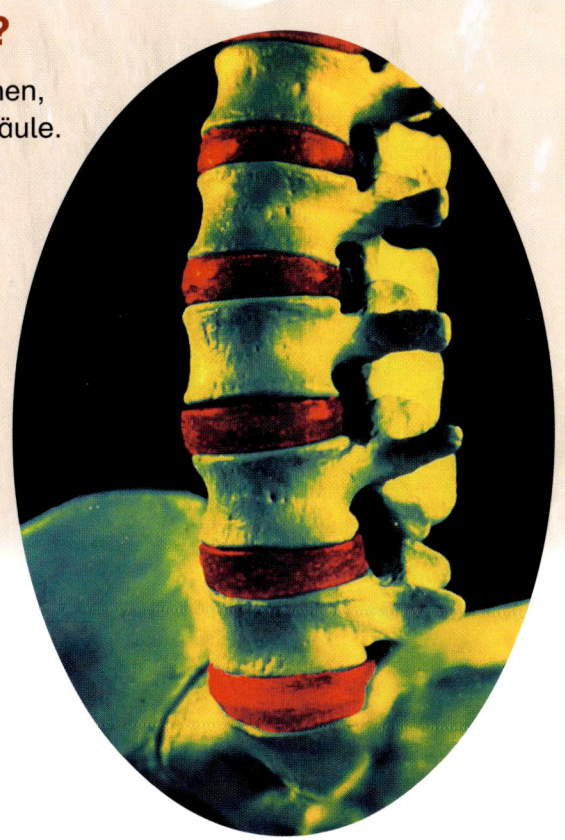

In deinem Rücken stecken viele kleine Knochen, die Wirbel. Zusammen bilden sie die Wirbelsäule. Sie stützt den Oberkörper und ist gleichzeitig eine Art Autobahn für die Nerven, die alle Informationen zwischen dem Gehirn und dem Rest des Körpers hin und her schicken. Ständig ist deine Wirbelsäule unter Belastung. Damit sie davon keinen Schaden nimmt, federn Bandscheiben alle Stöße ab. Und weil diese so stark zusammengepresst werden, schrumpfst du tagsüber immer ein bisschen. Die Bandscheiben werden nämlich von Stunde zu Stunde flacher. Doch keine Sorge: Nachts erholen sie sich wieder. Wenn du also größer erscheinen willst: morgens messen!

Muskeln – unsere Kraftprotze

Ständig in Bewegung

Während du das hier liest, sind viele deiner über 700 Muskeln im Einsatz: Die in den Augen bewegen die Augäpfel hin und her, die in Händen und Armen halten das Buch fest, die im Rücken sorgen dafür, dass du nicht nach hinten wegkippst, und so weiter. Allein bei einem Stirnrunzeln sind über 40 Muskeln im Einsatz. Die Kraftprotze, die deine Arme und Beine in Bewegung setzen, sind über Sehnen mit den Knochen verbunden. Benutzt du sie, ziehen sie den Knochen automatisch mit.

Ein Team zum Drücken

Manche Muskeln müssen gegeneinander arbeiten, damit deine Bewegungen rund laufen. So sorgt der Beugemuskel, auch „Beuger" genannt, im Oberarm dafür, dass du deinen Arm beugen kannst. Um den Arm wieder zu strecken, braucht es jedoch die Zugkraft eines Gegenspielers, des „Streckers". Den Befehl dazu erhalten beide Muskeln vom Gehirn. Ihre Energie bekommen sie aus den Nährstoffen, die im Blut gelöst sind. Dafür entnehmen sie dem Blut Sauerstoff und geben Kohlendioxid ab, das ebenfalls vom Blut abtransportiert wird. Das ist auch der Grund, warum du beim Sport mehr Puste brauchst als beim Lesen oder Fernsehen – die Muskeln benötigen dann einfach mehr Sauerstoff.

Kraftvolle Ziehharmonika

Unzählige hauchdünne Fasern bilden zusammen einen Muskel. Sein Aussehen erinnert an ein Blatt Papier, das du zu einem Fächer gefaltet hast. An den Knickstellen sind die einzelnen Fasern über eine Art Gelenk miteinander verbunden. Spannst du einen Muskel an, zieht sich der Muskelfächer zusammen und verrichtet so seine Arbeit.

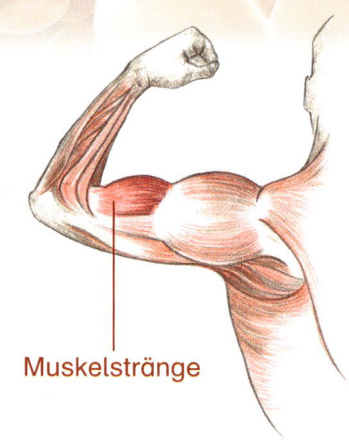

Muskelstränge

Ein Kater, der nicht schnurrt

Wer einen neuen Sport ausprobiert oder seine Muskeln ungewohnt stark belastet, bekommt einen Muskelkater. Der entsteht wahrscheinlich dadurch, dass das Gehirn noch nicht so richtig abschätzen kann, wie viel Kraft der Körper dafür braucht. Also setzt es lieber zu viel Kraft ein. Dadurch werden die feinen Muskelfasern überlastet, sie bekommen kleine Risse. An diesen Stellen schwellen sie an, werden heiß und tun weh. Das Tolle ist aber, dass die Muskeln ihre Risse innerhalb von ein paar Tagen selbst kitten. Und wenn sich dein Körper an die Belastung gewöhnt hat, entsteht auch kein neuer Kater mehr.

Außer Kontrolle

Manche Muskeln strengen sich ohne deine Kontrolle an, dein Darm zum Beispiel. Du kannst nicht beeinflussen, wie schnell er seinen Inhalt mithilfe von Muskeln weitertransportiert. Er verrichtet seine Arbeit sogar weiter, wenn du schläfst.

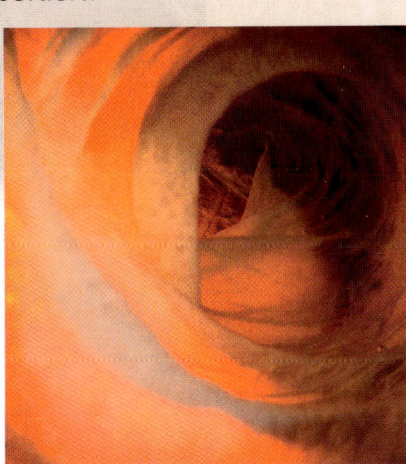

Dünndarm von innen

Hey, wer sitzt denn da vorne? Hier gabs wohl einen kleinen Unfall …

„ Oje, hast du dir den Arm aufgeschürft? Na, halb so schlimm, hat schon fast wieder aufgehört zu bluten. Wie schnell das ging, so ohne Pflaster. Dafür sorgt das Blut wohl ganz von selbst! Wie schafft es das eigentlich? "

Mit Herz und Hirn

Unser Herzmuskel pumpt unermüdlich Blut durch unseren ganzen Körper. Und da das Blut in fast jeden Winkel fließt, tritt die rote Flüssigkeit auch aus, wenn du dich verletzt. Für diesen Fall hat das Blut so etwas wie ein natürliches Pflaster im Gepäck. Damit kann es Wunden flicken. Außerdem transportiert es alle notwendigen Nährstoffe zu den Orten, wo sie gebraucht werden. Giftstoffe wiederum bringt es dahin, wo sie abgebaut werden können, etwa zur Niere oder zur Leber. Doch diese ganze Versorgung bricht zusammen, wenn das Herz aufhört zu schlagen. Als Erstes leidet darunter das Gehirn. Bekommt es kein Blut mehr, kann es seinen Job nicht mehr erledigen: die Kontrolle aller Körperfunktionen.

Bloß nicht die Puste verlieren

Alle Körperzellen brauchen Energie, um richtig funktionieren zu können. Diese gewinnt der Körper aus den Nährstoffen, allerdings nur dann, wenn ihm auch Sauerstoff zur Verfügung steht. Weil du Sauerstoff nicht speichern kannst, musst du regelmäßig atmen.

Taucher haben Sauerstoff in Flaschen dabei.

Atem des Lebens

Jeden Tag atmest du so viel Luft, wie in ein Zimmer passen würde. Darin ist der lebensnotwendige Sauerstoff enthalten. Die Lunge steht dabei im ständigen Austausch mit dem Blutkreislauf: Du atmest ein und füllst deine Lungen mit Sauerstoff. Du atmest aus und lässt Kohlendioxid, das als Abfall in deinem Körper entsteht, wieder nach draußen entweichen.

Denken und Fühlen

Täglich müssen bis zu 2000 Liter Blut durchs Gehirn fließen, damit es anständig arbeiten kann. Von dort kommen übrigens nicht nur Befehle und Gedanken, sondern auch Gefühle. Und die beeinflussen wiederum unser Handeln. Wer hat denn noch nicht vor Wut ins Kissen gebissen oder vor Traurigkeit geweint?

Mit dem Blut vom Herz zur Lunge

Roter Energieträger

Wenn du mit einer Taschenlampe durch deine Hand leuchtest, kannst du es ganz deutlich sehen: dein Blut. Ungefähr drei Liter davon fließen durch deinen Körper, bei Erwachsenen sind es etwa fünf Liter. Für den Transport seiner Fracht stehen ihm eine Vielzahl von Leitungen zur Verfügung, die sogenannten Venen und Arterien. Insgesamt sind diese fast 100 000 Kilometer lang! Damit würden die Blutgefäße eines einzelnen Menschen mehr als zweimal um die Erde passen. Die rote Farbe bekommt das Blut durch die roten Blutkörperchen (Bild). Sie schwimmen in einer Flüssigkeit, die man Blutplasma nennt.

Körpereigenes Pflaster

Im Blut treiben auch winzige Blutplättchen mit. Diese dünnen, farblosen Scheiben sorgen dafür, dass das Blut bei einer Verletzung erstarrt. Sie schieben sich vor die blutende Stelle und bilden eine Art Netz, um die Wunde zu verschließen. Durch diese blitzschnellen Bauarbeiten verliert der Körper nicht unnötig viel Blut. Außerdem schützt die Schicht vor Schmutz und Bakterien, die durch eine offene Stelle in den Körper eindringen könnten.

Mit Herz und Hirn

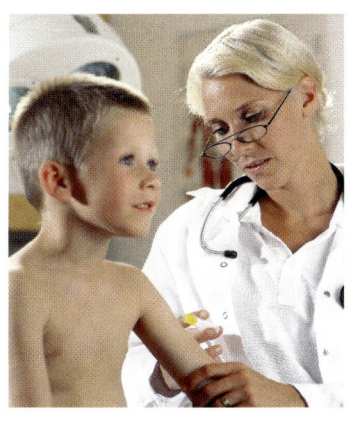

Gesundheitspolizei

Die weißen Blutkörperchen greifen Krankheitserreger an, die ständig in den Körper eindringen – beim Essen, beim Atmen und über die Haut. Einige von ihnen fressen die Angreifer einfach auf. Andere scheiden einen Stoff aus, der gefährliche Keime tötet. Sterben dabei auch Blutkörperchen, lockt das weitere Blutpolizisten an. Sie sind Teil eines gewaltigen Verteidigungssystems, des Immunsystems, und kümmern sich gemeinsam um deine Gesundheit. Durch abwechslungsreiche Ernährung, ausreichend Schlaf, ein bisschen Bewegung, regelmäßiges Duschen und viel Spaß kannst du dein Abwehrsystem stärken.

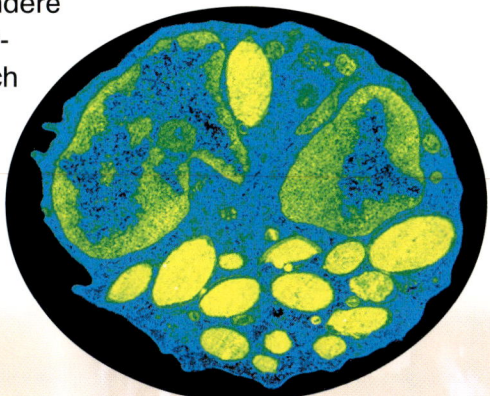

weiße Blutkörperchen

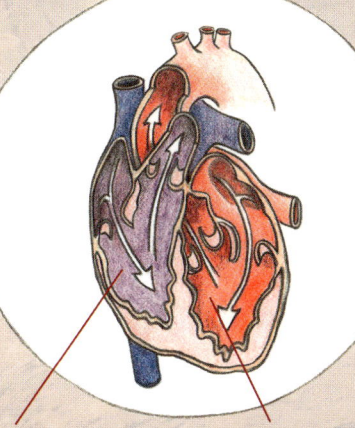

Motor des Körpers

Unter der linken Brust kannst du deinen Herzschlag spüren. Das Herz ist etwa so groß wie deine Faust und besteht aus zwei Hälften. Die eine pumpt das mit Sauerstoff angereicherte Blut in den Körper. Die andere pumpt das sauerstoffarme Blut wieder zurück zur Lunge, wo es Sauerstoffnachschub erhält.

rechte Herzkammer   linke Herzkammer

Lunge und Atmung

Beim Atmen strömt Luft in den Körper und gelangt über Nase und Luftröhre bis zur Lunge. Die besteht aus einem weit verzweigten Netz von Luftwegen, an deren Enden kleine Bläschen sitzen. Durch ihre dünnen Wände tauscht die Lunge mit dem Blut immer wieder frischen Sauerstoff gegen Kohlendioxid aus, das entsteht, wenn Sauerstoff verbraucht wird. Dieses wichtige Organ liegt gut geschützt hinter den Rippen deines Brustkorbs.

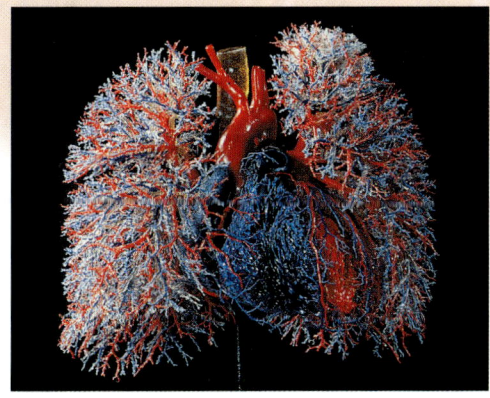

Im Kontrollzentrum: Gehirn und Nerven

Die Schaltzentrale

Was auch immer in deinem Körper passiert – dein Gehirn ist über alles im Bilde. Es empfängt Informationen aus allen Ecken, zum Beispiel, dass dein Körper Wassernachschub braucht. Dann sendet es Befehle raus: zur Kehle und zum Mund so was wie „trocken werden", und du merkst nun, dass du durstig bist. Das geht nur, weil das Gehirn aus einer unvorstellbaren Masse an Nervenzellen besteht und auch dein ganzer Körper von ihnen durchzogen ist. Sie verständigen sich untereinander mit schwachen elektrischen Signalen.

Nervengewebe im Gehirn

Immer auf Empfang

Sogar im Schlaf ist das Gehirn aktiv. Es regelt deine Atmung, deinen Herzschlag und die Verdauung. Es überprüft, ob der Wecker klingelt oder ob du auf die Toilette musst – dann lässt es dich wach werden. Außerdem verarbeitet deine Schaltzentrale nachts alle Erlebnisse des Tages, sortiert Unwichtiges aus und packt wichtige Informationen in eine Art Langzeit-Speicher. So schafft der Dauerdenker Platz für neue Erfahrungen.

Das geht automatisch

Obwohl Nerven unmerklich schnell Nachrichten mit dem Gehirn austauschen, wäre die Strecke nach oben in manchen Fällen ein gefährlicher Umweg. Wenn du dich etwa verschluckst, musst du sofort husten, um nicht zu ersticken. Diese lebensrettende Handlung löst ausnahmsweise nicht das Gehirn aus, sondern ein Reflex. Reflexe treten auch in Aktion, wenn du niest oder die Hand wegziehst, nachdem du eine zu heiße Tasse angefasst hast.

Dieser Arzt prüft mit einem kleinen Gummihammer die Reflexe.

Die Festplatte

Im Gehirn speicherst du deine Erinnerungen – an unvergessliche Momente, an Gerüche und Töne, an Orte und wie man dorthin kommt, aber auch an Matheformeln und Skateboardtricks. Manches lernst du einfach durchs Zuschauen. Anderes musst du selbst mal ausprobieren und das immer wieder, bis es klappt. Besonders gut merkt man sich Dinge, wenn dabei Gefühle im Spiel sind: Spaß, Spannung oder auch Trauer.

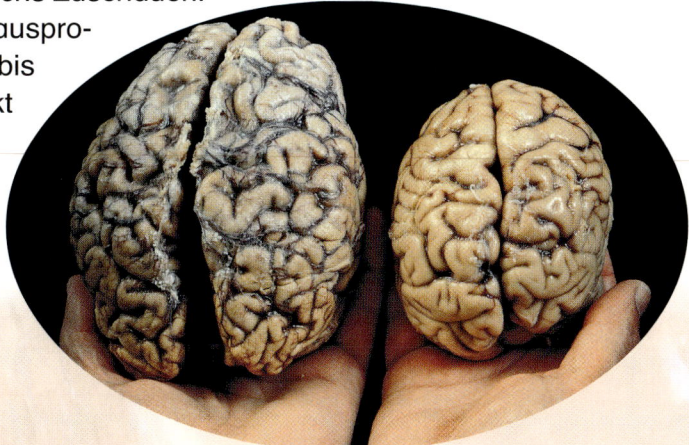

Von allen Säugetieren hat der Mensch das größte Gehirn (links). Das Gorillagehirn (rechts) ist dagegen viel kleiner.

Gute Nacht, Bein!

Wenn du eine Weile auf den Knien oder im Schneidersitz gesessen hast, spürst du manchmal ein Piken in deinen Beinen: Sie sind „eingeschlafen". Dann hast du versehentlich die Wege des Blutes und der Nerven abgeklemmt. Wie bei einem Wasserschlauch, den du knickst, kommt dann nicht mehr so viel durch. Gibst du die Verbindung wieder frei, strömen unendlich viele Nachrichten von den Nerven ins Gehirn. Das ist dann einen Moment lang überflutet und durcheinander. Es weiß nicht so richtig, wie es die Informationen einordnen soll, und macht daraus ein Kribbeln.

Besser als jede Maschine

„**Wirklich grandios, wie unser Körper funktioniert, Suse!** Und von meinen roten Punkten fehlt seit Stunden jede Spur! Der Körper hat das Brennnesselgift erfolgreich abgewehrt!"

„**Im Körper sind alle Kollegen:** Das Blut kann nicht ohne die Lunge, die Haut nicht ohne die Zellen und der Darm nicht ohne Muskeln!
Das Gehirn ist der Boss von allen. Es sammelt Informationen und gibt Aufträge an seine Mitarbeiter im Körper weiter."

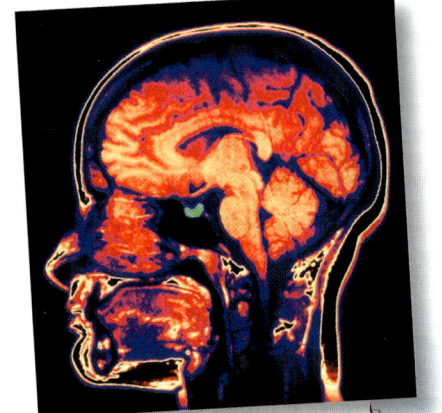

„**Für den Kontakt nach außen sind unsere fünf Sinne zuständig.** Sie warnen uns vor Gefahren und liefern uns immer wieder neue Information. Praktisch und notwendig!"

... und wir zwei drehen erstmal eine Runde – und kommen diesmal hoffentlich ohne juckende Flecken wieder!

Forscherkarte
Gemeinsamkeiten entdecken

Wem siehst du ähnlicher? Mama oder Papa? Oder hast du vielleicht sogar die Ohren von deiner Oma? Sie hat schließlich ihre Gene an deine Mama oder deinen Papa weitergegeben. Schau doch mal Fotos von deiner Familie an. Du wirst sicher einigen Gemeinsamkeiten auf die Spur kommen, die nicht direkt ins Auge fallen.

Forscherkarte
Der kleine Unterschied

Du brauchst:
- 1 Stempelkissen
- 1 Blatt weißes Papier
- 1 Stift
- 1 Lupe

So gehts:
1. Drücke zuerst eine Fingerspitze auf das Stempelkissen, dann auf das Papier.
2. Wenn die Linien nicht so gut zu erkennen sind, mach daneben gleich noch mal einen Abdruck – ohne neue Stempelfarbe.
3. Darunter schreibst du deinen Namen.
4. Das Gleiche machen jetzt auch noch deine Freunde – alle benutzen dafür zum Beispiel den Zeigefinger.
5. Nehmt nun eure Abdrücke unter die Lupe: Könnt ihr Unterschiede erkennen?

Forscherkarte
Große Augen in der Dunkelheit

Du brauchst:
- 1 Spiegel
- 1 Taschenlampe

So gehts:
1. Setz dich in einem dunklen Zimmer vor den Spiegel. Halte deine Taschenlampe bereit.
2. Die kommt jetzt nämlich zum Einsatz: Leuchte mit der Lampe in den Raum. Am besten hältst du sie so, dass der Lichtschein hinter dich fällt und du dich gerade im Spiegel erkennen kannst. Achte auf die Größe deiner Pupillen. Sind sie eher groß oder klein?
3. Nun lässt du das Licht kurz in deine Augen strahlen. Was passiert? Je nach Lichteinstrahlung verändert sich die Größe deiner Pupillen. Teste selbst!

Forscherkarte
Fest im Biss!

Du brauchst:
- 2 breite Steine
- 2 Gabeln
- 1 Schere
- mehrere Reiswaffeln

So gehts:
Wir haben in unserem Mund verschiedene Zahnarten: Schneide-, Eck- und Backenzähne. Sie alle verrichten ihre eigene Aufgabe beim Kauen. Stell dir also vor, die gesammelten Gegenstände wären Zähne: Die Steine Backen-, die Gabeln Eckzähne und die Schere ein Schneidezahn. Welcher von ihnen würde wohl was machen? Versuche nun, mit den verschiedenen Gegenständen eine Reiswaffel zu zerkleinern – ganz so, wie es die Zähne tun. Erkennst du Unterschiede?

Register

After 22
atmen 18, 41, 43, 44
Auge 12, 16, 38
Augenbrauen 16

Bänder 36
Bandscheibe 37
Befruchtung 27, 29, 30
Behinderung 31
Blase 22
Blut 14, 21, 22, 36, 38, 40, 41, 42, 43, 45
Blutkörperchen, rote 36, 42
Blutkörperchen, weiße 43
Blutkreislauf 41

Chromosom 30

Darm 22, 23, 39
Dickdarm 22, 23
DNS 30
Drillinge 31
Dünndarm 22

Ei 27, 28, 29, 30, 31
Eierstock 28
Eileiter 28
Eiweiß 21, 24
erbrechen 22

Fett 21, 24, 25
Fortpflanzung 28
Frau 27, 28, 29

Fruchtwasser 19, 29
Gebärdensprache 13
Gebärmutter 28, 29
Geburt 19, 29
Gehirn 16, 17, 18, 34, 37, 38, 39, 40, 41, 44, 45
Gelenk 25, 36
Gen 30, 31
Gleichgewicht 17

Haare 15
Haut 12, 14, 15
Herz 25, 29, 35, 40, 43, 44
Hoden 28
hören 12, 13, 17
Hormon 27

Immunsystem 43

Knochen 25, 34, 35, 36, 37, 38
Knochenbruch 37
Kohlendioxid 38, 41, 43
Kohlenhydrate 21, 24
Krankheit 24, 43

Leber 22, 40
lernen 26, 32, 45
Lunge 41, 43

Magen 22, 23, 35
Magensäure 22
Mann 27, 28, 30

Mineralstoffe 21, 25
Mund 12, 18, 19, 20, 22
Muskel 24, 25, 32, 34, 35, 36, 38, 39
Muskelkater 39

Nabelschnur 29
Nägel 15
Nährstoffe 21, 22, 25, 29, 38, 40, 41
Nase 12, 13, 14, 18
Nerv 16, 27, 37, 44, 45
Netzhaut 16
Niere 22, 40

Ohr 12, 16, 17

Penis 28, 32
Pubertät 32
pupsen 23

Reflex 44
riechen 12, 13, 18
Riechfeld 18
rülpsen 23

Samen 28, 29
Sauerstoff 38, 41, 43
Scheide 28
Schlaf 44, 45
schmecken 12, 13, 18, 19
Schwangerschaft 29
sehen 12, 13, 16

Sehne 38
Sex 28
Sinnesorgan 12
Skelett 35, 36
Sonnenbrand 14
Speiseröhre 22
Spermium 27, 29, 30
Spucke 22
spüren 12, 13, 14, 43
Spurenelement 25
sterben 33
Stoffwechsel 20

tasten 13, 14, 15

Übergewicht 25
umami 18
Urin 22

Verdauung 20, 22, 23, 44
Vererbung 30
Vitamin 21, 24

wachsen 24, 26, 27, 32, 33
Wasser 21, 22
Wimpern 16
Wirbelsäule 37

Zähne 22, 24, 32
Zelle 15, 29, 33, 41, 44
Zucker 24, 25
Zunge 13, 18, 22
Zwillinge 31

Bildquellenverzeichnis

Dr. M. Antonic 35; CGTextures.com 2; © CORBIS/Royalty-Free 9, 16, 38; Das Fotoarchiv, Essen 41; © DeA Picture Library 9; Deutsches Hygiene-Museum, Dresden 34; Floramedia 8; © bilderbox – Fotolia.com 27 f.; © Eva Blanda – Fotolia.com 42; © Cinexo – Fotolia.com 25; © Sonya Etchison – Fotolia.com 12; © Diane Gasselin – Fotolia.com 2, 21; © Grischa Georgiew – Fotolia.com 33; © Volker Gerstenberg – Fotolia.com 15; © V. Jakobchuk – Fotolia.com 40; © Michael Kempf – Fotolia.com 26; © Andrey Kiselev – Fotolia.com 20; © Rod Luey – Fotolia.com 40; © Monkey Business – Fotolia.com 30; © Uros Petrovic – Fotolia.com 23; © photocreo – Fotolia.com 44; © Jan Rakic – Fotolia.com 17; © Anette Linnea Rasmussen – Fotolia.com 18; © Mikhail Tolstoy – Fotolia.com 1, 12; © wibaimages – Fotolia.com 23; Georg Thieme Verlag, Stuttgart 15, 35; A. Gomille, Frankfurt am Main 17; M. Kube, ehem. Archiv Dr. Karkosch, Gilching 34; Max-Planck-Gesellschaft, München 44; MEV Verlag, Augsburg 2 f., 8, 13 f., 17, 19, 21 f., 24, 26 f., 32, 34, 36, 41, 43, 46, 48; I. Mühlhaus, München 20; K. Petersen, Nizza 18; picture-alliance/chromorange, Frankfurt am Main 16; picture-alliance/dpa, Frankfurt am Main 12 f., 17, 29, 31, 33, 36, 38 f., 41 f., 44 f.; picture-alliance/epd, Frankfurt am Main 32; picture-alliance/Keystone, Frankfurt am Main 2, 42; picture-alliance/medicalpicture, Frankfurt am Main 22; picture-alliance/Bildarchiv Okapia, Frankfurt am Main 3, 14, 30, 35, 37, 39, 43, 45 f.; Bibliographisches Institut, Mannheim / Dr. Thomas Stalf 27; Copyright © Eising, Susie M. / Stockfood 24; Copyright © Rynio / Stockfood 25; Tourism New Zealand, Frankfurt am Main 14; Bibliographisches Institut, Mannheim / WZ Media 29; ZDF © Thomas Bergmann 2 f., 5, 9, 11 f., 33 f., 39 f., 46 f.; ZDF © Antje Dittmann 2 f., 6, 10 f., 20, 25 f., 33, 46; ZDF © Alexander Habermehl 10, 17, 19, 23, 25, 31, 33, 39; ZDF © Barbi Mlczoch 11; ZDF © Christiane Pausch 4, 8, 11;
Löwenzahn-Icon (Kolumnentitel) und Illustration Bauwagen (blauer Kasten): ZDF © Christoph Tillmann

Die Forscherbücher zur TV-Sendung

Nach dem Motto „fragen – forschen – wissen!" gehen Kinder ab 7 Jahren auch in der bunten Sachbuchserie spannenden Fragen aus Natur, Umwelt und Technik auf den Grund. Quizfragen, Experimentier- und Basteltipps sowie herausnehmbare Entdeckerkarten sorgen für noch mehr Spaß beim Schmökern und Forschen!

  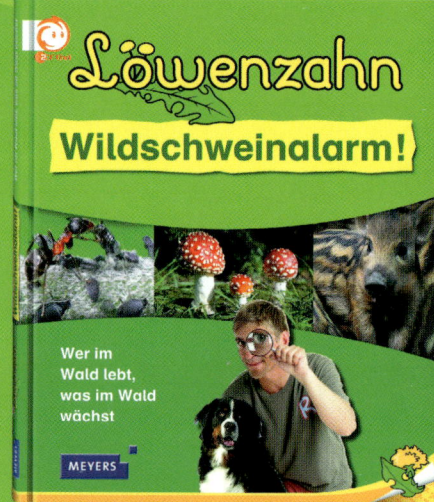

Wundermaschine Mensch!
ISBN 978-3-411-08393-0

Alles nur geklaut!
ISBN 978-3-411-08392-3

Wildschweinalarm!
ISBN 978-3-411-08395-4

Je Band
48 Seiten. Gebunden
9,95 € (D); 10,30 € (A)
Preisänderungen vorbehalten

Sprudelnd und spritzig!
ISBN 978-3-411-08394-7